LE TREBVCHEMENT
DE L'YVRONGNE.

A PARIS,
M. DC. XXVII.

TREBVCHEMENT
DE L'YVRONGNE.

Vous de qui la gloire à nul'e autre seconde
Sur laisle des beaux vers vole par tout le
monde,
Qui n'aspirans à rien qu'à l'immortalité
Ne languissez iamais dedans loisiueté,
Quittez vn peu ce soin de vouloir tousiours viure
Qui vous tient iour & nuit collez dessus vn liure.
Bacchus veut des honneurs aussi bien qu'Apollon,
Vne table vault mieux que le sacré vallon,
Et les charmes d'vn Luth ou bien d'vne Guiterre
Nont rien de comparable aux delices d'vn verre
De qui la melodie & le doux cliquetis
Sçauent l'art d'attirer Iuppiter chez Thetis,
Lors que solicité de son humeur plus douce
Auecque tous les Dieux il veut faire carousse.
Amis, soyons touchez d'vn semblable desir,
Ne mesurons le temps qu'aux regles du plaisir,
Et ne nous plongeans point dans ces vaines pensees
Des choses aduenir ny des choses passees,
Sans que pas vn de nous face le suffisant
Arrestons nos esprits aux choses du present.

A ij

Iouïssons du bon-heur que le ciel nous octroye,
Sacrifions au Dieu qui preside à la ioye,
Et sans parler des Roys ou bien des Potentats
Ny du desreiglement qu'on voit dans leurs estats,
Ny des diuers aduis du Conseil des Notables,
Ne nous entretenons que de mots delectables,
Et tous expedions en nos particuliers
Plus de verres de vin qu'ils ne font de cahiers.

   Les sages Anciens dont les Academies
Ont souuent resueillé nos ames endormies,
Ont dit que nous sentions quatre sainctes Fureurs
Agiter nos esprits de leurs douces erreurs,
Les Muses, Apollon, l'Enfant que Cypre adore,
Et le Dieu qui dompta les peuples de l'Aurore:
Qu'auiourd'huy, chers Amis, l'amoureuse liqueur
De ce diuin Nectar agite nostre cœur,
Que ce puissant Demon qui preside aux bouteilles
Soit l'unique sujet de nos plus longues veilles,
Et quand la soif viendra troubler nostre repos
Courons alaigrement l'esteindre dans ces pots
Plus viste que tous ceux de nostre voisinage
Ne coururent à l'eau pour appaiser la rage
De l'infame Vulcan dont le traistre Element
Embraza de Themis l'orgueilleus bastiment.

   Si ces vieux Cheualiers qui couroient par le monde
Ont este renommez pour vne table ronde,
Nous qui suiuons l'Amour & reuerons ses loix,
Faisons tous auiourd'huy de si vaillans exploits,

Qu'on appelle en tous lieux ceste trouppe honoree
Les braues Champions de la table quarree.
 Mais c'est trop discourir sur le point d'vn assaut,
Amis, aduancez vous tandis que tout est chaud,
Voyez vous point ces plats d'vne odeur parfumee
Espandre autour de nous vne douce fumee,
Que l'air de nostre haleine esleue dans les Cieux
En guise d'vn Encens que nous offrons aux Dieux?
 Pour moy qui suis contraire à ceste Tirannie
Qui seconde les loix de la ceremonie,
Ie me sieds le premier en ceste place icy,
Despeschez mes Amis, asseiez vous aussi,
Ou vous irriterez le feu de ma colere
Qui ne s'appaisera que dans la bonne chere.
 Que ces mets delicats sont bien assaisonnez!
Que ce vin est friant, qu'il va peindre de nez
D'vne plus viue ardeur que la plus belle Dame
N'en alluma iamais dans le fonds de nostre Ame.
Inspiré de Bacchus qui preside en ce lieu
Ie vuide ceste tasse en l'honneur de ce Dieu,
Quoy pour auoir tant beu ma soif n'est appaisee.
Ie la veux rendre encor quatre fois espuisee.
Amis, c'est assez beu pour la necessité,
Ne beuuons desormais que pour la volupté.
 Que chacun à ce coup ses temples enuironne
Des replis verdoyans d'vne belle couronne
De pampre, de lierre, & de myrthes aussi,
Il n'est rien de plus propre à charmer le soucy.
A iij

Et si malgré l'hyuer qui rauit toutes choses
On peut trouuer encor des oeillets & des roses,
Semons en ceste place, ornons en ce repas,
Non pource que l'odeur en est plaine d'appas,
Mais pource que ces fleurs n'ont rien de dissemblable
A la viue couleur de ce vin tant aimable,
Qui resiouit nos yeux de son pourpre vermeil,
Et ietie plus d'esclat que les rais du Soleil.

 Profanes loing d'icy, que pas vn homme n'entre
S'il est du rang de ceux qui n'ont soin de leur ventre,
Qui fraudent leur Genie, & d'vn cœur inhumain
Remettent tous les iours à viure au landemain.
Mal-heureux en effect celuy-là qui possede
Des biens & des thresors & iamais ne s'en ayde,
Tandis qu'on a le temps auecque le moyen
Il faut auec raison se seruir de son bien,
Et suiuant les plaisirs ou l'age nous conuie
Gouster autant qu'on peut les douceurs de la vie.
Quand nous aurons faict ioug à la loy du trespas
Nous ne iouirons plus d'aucun plaisir la bas,
Nous n'aurons plus besoin de celliers ny de granges
Pour enfermer nos bleds & serrer nos vendanges,
Mais tristes & pensifs accablez de douleurs
Nous ne viurons plus lors que de l'eau de nos pleurs.

 Chers amis laissons là ceste Philosophie,
Que chacun à l'enuy l'vn l'autre se deffie
A qui rendra plustost tous ces vaisseaux taris,
Six fois ie m'en vas boire au beau nom de CLORIS,

CLORIS le seul desir de ma chaste pensee,
Et l'unique sujett dont mon ame est blessee;
Lydas, verse tout pur, puisque la pureté
A tant de sympathie auec ceste Beauté,
Et puis ne sçais-tu pas que l'Element de l'onde
Est la marque tousiours d'vne humeur vagabonde?
Si ie bois iamais d'eau qu'on m'estime vn oyson,
Que personne en beuuant ne me face raison,
Que tout autant que l'eau mon vers deuienne sade,
Que mon goust deprauerende mon corps malade,
Que iamais de beauté ne me face faueur,
Que l'on me mostre au doitg côme vn pauure beuueur,
Enfin qu'aux Cabarets pour ma honte derniere
On escriue mon nom soubs celuy de Chaudiere.
   Certes ie hais ces mots qui finissent en eau
Si ieusse esté Ronsard i'eusse berné Belleau
Quand sobre il entreprit ceste belle besongne
D'interpreter les vers de ce gentil Yurongne,
Qui dans les mouuemens d'vn esprit tout diuin
Honnora la vandange, & celebra le vin.
   Mais à propos de vin, Lydas reuerse à boire,
Aussi bien ce piot rafraischit la memoire,
Il faict rire & chanter les plus sages vieillars,
Il leur met en l'esprit mille contes gaillards,
Et quoy que l'on ait dit de la faueur des Muses
Il inspire le don des sciences infuses,
Si bien que tout a coup il arriue souuent
Que l'ignorant par luy deuient homme sçauant,

Noſtre Arcandre le ſçait qui pour aymer la vigne
Paſſe deſia par tout pour vn poete inſigne,
Arcandre qui iamais ne fait rien de diuin
S'il n'a dedans le corps quatre pintes de vin.
 Ah ! que i'eſtime heureux l'amoureux d'Iſabelle
Non pource qu'il adore vne fille ſi belle,
Non pour ce que les rais qui partent de ſes yeux
Rendent plus de clarté que le flambeau des Cieux,
Non pource que dans l'or de ſa perruque blonde
Elle tient enchaiſné le cœur de tout le monde,
Non pource qu'à Paris elle à tant de renom,
Mais pour ce qu'elle a tant de lettres en ſon nom,
Et que l'affection que cet Amant luy porte
A tant de mouuemens, eſt ſi viue & ſi forte,
Qu'il ne peut faire moins que de boire huit fois
Au nom de cét obiect qui le tient ſoubs ſes loix.
Pour moy ſoit qu'õ me blaſme ou biẽ que l'oñ me priſe,
Ie veux changer le nom de CLORIS en CLORISE,
Ou bien prẽdre CLORINDE ou d'autres mots choiſis,
Fais en, mon cher Aminte, autant de ton ISIS,
Cela luy tiendra lieu d'vne nouuelle offrande,
Ce nom eſt trop petit & ta ſoif eſt trop grande.
 Mais inſenſiblement ie ne m'aduiſe pas
Que la force du vin debilite mes pas,
Ie ſens mon Eſtomac plus chaud que de couſtume,
Ie ne ſçay quel braſier dans mes veines s'alume,
Ie commence à doubter de tout ce que ie voy,
La teſte me tournoye & tout tourne auec moy,

          Ma

Ma raison s'esblouit, ma parolle se trouble,
Comme vn nouueau Penthé ie vois vn Soleil double
I'enten dedans la nüe vn tonnerre esclatant
Ie regarde le Ciel & ny vois rien pourtant,
Tout tremble soubs mes pieds, vne sombre poussiere
Comme vn nuage espais offusque ma lumiere,
Et l'ardante fureur m'agite tellement
Qu'auecque la raison ie perds le sentiment.
Euoé ie fremis, Euoé ie frissonne,
Vn vent dessus mon chef esbranle ma couronne,
Et ie me trouue icy tellement combatu
Que ie tombe par terre & n'ay plus de vertu.

Puissante Deité, mon vainqueur, & mon maistre
Si tu m'as autresfois aduoué pour ton Prestre,
Si iamais tu m'as veu plus-qu'aucun des mortels
Espandre au lieu d'Encens du vin sur tes Autels,
Race de Iuppiter, digne enfant de Semele,
Appaise la fureur qui m'accable souls elle,
Dissipe les vapeurs de ce bon vin nouueau
Qui tempeste qui boult au creux de mon cerueau,
Rends plus fermes mes pas, modere ta furie,
Donne moy du repos, ô Pere ie t'en prie
Par ton Thyrse couuert de pampres tousiours vers,
Par les heureux succes de tes trauaux diuers,
Par l'effroiable bruit de tes sainctes Orgies,
Par le trepignement des Menades rougies,
Par le chef herissé de tes fiers Leopars,
Par l'honneur de ton nom qui vole en toutes parts,

B

Par la solemnité de tes sacrez mysteres,
Par les cris redoublez des festes Trieteres,
Par ta femme qui luit dans l'olympe estoillé
Par le Bouc qui te fut autresfois immolé,
Par les pieds chancelans du vieux pere Silene,
Bref par tous les appas de ce vin de Surene.
　Ainsi dit Cerilas d'vn geste furieux
Roüant dedans la teste incessamment les yeux;
Bacchus qui l'entendit, d'vn bruit espouuantable
Fit trembler à l'instant les treteaux & la table
Sans que les vases pleins de la liqueur du Dieu
Fussent aucunement esbranlez en ce lieu,
Tesmoignage certain qu'il ne mit en arriere
De son humble Subiect la deuote priere,
Et de faict luy sillant la paupiere des yeux
Il gousta le repos d'vn sommeil gratieux.

G. COLLETET.

AVTRES GAYETEZ DE CARESME PRENANT,
Par le mesme Autheur.

SARABANDE.

Les parolles ont esté accommodees à l'Air qui estoit faict.
Dialogue d'vn Amant & d'vn Yurongne.
L'vn parle à sa Maistresse, & l'autre à sa bouteille.

L'AM. **R**Ien ne contente si fort ma vie
Que le bon-heur de voir Siluie
L'Yv. Rien ne chatoüille tant mon oreille
Comme le son de ma bouteille

L'AM. Chere Siluie quand ie t'accolle
L'aise m'estouffe la parolle.
L'Yv. Quãd ie t'embrasse l'on m'entẽd dire
Tousiours mille bons mots pour rire.

L'AM. Plus ie t'adore ma chere Dame,
Plus i'ay de feu dedans mon Ame.

B ij

Yv. *Plus ie carreſſe ton doux breuuage*
Plus i'ay de feux ſur le viſage.

Am. *Chere Siluie quoy qu'on en diſe,*
Aymer touſiours c'eſt ma deuiſe.
Yv. *Chere bouteille ma douce guide,*
Ma deuiſe eſt Plus plein que vuide.

Am. *Afin ma belle que ie te berſe*
Laiſſe toy choir à la renuerſe.
Yv. *Tien toy bouteille touſiours dreſſee,*
Sinon ma ioye eſt renuerſee.

Am. *Ainſi ſans ceſſe ma chere Dame,*
Ton beau pourtrait viue en mon Ame.
Yv. *Ainſi ſans ceſſe ſans qu'autre y touche*
Ta liqueur ſoit dedans ma bouche.

A DIEV AVX MVSES.

SONNET.

Certes il faut auoir l'esprit bien de trauers
Pour suiure en ce tēps cy les Muses à la tra[ce]
Les Gueuses qu'elles sont mettent à la besace
Ceux à qui leurs secrets ont esté descouuers.

Depuis que iay trouué la fontaine des vers,
Le bien s'enfuit de moy, le mal-heur me pourcha[sse]
Ie n'ay pour aliment que les eaux de Parnasse,
Et n'ay pour tout couuert que des feuillages vers.

Ingrates Deitez, cause de mon dommage,
Le temps & la raison me font deuenir sage,
Ie retire auiourd'huy mon espingle du ieu.

Ie prefere à vos eaux vn traict de maluoisie,
Ie mets pour me chauffer tous vos lauriers au feu
Et me torche le cu de vostre Poësie.

REMONSTRANCE A VN
Poëte beuueur d'eau.

SONNET.

EN vain, pauure TIRCIS, tu te romps le cerueau
Pour paruenir au point des choses pl⁹ parfaittes,
Tu ne seras iamais au rang des bons Poëtes
Si comme les oysons tu ne bois que de l'eau.

Pren moy ie t'en coniure vn trait du vin nouueau
Que le Cormié recelle en ses caues secrettes,
Tu passeras bien-tost ces antiques Prophetes
Qui sauuerent leur nom de la nuit du tombeau.

Bien que dessus les bords d'vne viue fontaine
Les Muses ay'nt choisi leur demeure certaine,
Les fines qu'elles sont pourtant n'y boiuent pas;

Là soubs des lauriers verds, ou plustost soubs des
    treilles,
Le vin le plus friant preside en leur repas,
Et l'eau n'y rafraischit iamais que les bouteilles.

FANTASIE, SVR DES DIVERS
PEINTVRES DE PRIAPE.

SONNET.

SVr les riues de Seine vne ieune Dryade
Lasse d'auoir reduit vn Sanglier aux abois
Se reposoit vn iour à l'ombrage d'vn bois
Sans craindre le peril d'vne fine embuscade.

PRIAPE qui la vid fut pris de son œillade,
L'arreste & veult sur elle attenter ceste fois,
Mais elle qui resiste aux amoureuses loix
Desdaigne cet Amant si laid & si maussade.

Lors pensant amolir ceste Diuinité
Il change sa laideur & sa diformité,
Et prend nouuelle forme ainsi que fit Protee.

Mais la NATVRE en luy plus puissāte que l'A[rt]
Ne se put pas cacher soubs sa forme empruntée
Car tousiours à la QVEVE on cognut le Regna[rd]

SUR UNE CHEUTE CAUSEE PAR UN BELLIER.

SONNET.

TRansporté de plaisir comme vn valet de feste,
Ou comme vn qui s'employe à forger vn Cocu,
Ie pensois à CLORIS de qui l'œil m'a vaincu
M'estimant trop heureux de viure en sa conqueste.
 Lors que dans l'Arcenal vne puissante beste,
Qui n'a pour mõ malheur que trop long-têps vescu,
Me vint publiquement planter dedans le cu
Ce qu'en secret ie plante aux autres sur la teste.
 LYCANDRE, que deuins-ie à ce puissant effort?
Soudain ie tombe à terre estourdy demy-mort,
Ruminant en mon cœur mes sainctes patenostres.
 Alors dit vn passant riant de mon ennuy,
Faut il qu'vn coup de corne ait fait mourir celuy,
Qui par des coups de corne en fit naistre tant d'au-
tres?

FIN.

www.ingramcontent.com/pod-product-compliance
Lightning Source LLC
Chambersburg PA
CBHW061623040426
42450CB00010B/2631